消防署長の朝《あさ》会《かい》の言葉50選

永井秀明

近代消防社

はじめに

私が勤務した消防署には毎日、朝会《あさかい》がありました。私の場合は、いつも9時から署長室で副署長、警防課長（消防・救急活動を統括する消防司令長）、予防課長（建物の防火管理などを統括する消防司令長）、当日の大隊長（その日の8時30分から翌朝8時40分まで災害の指揮全般を担当する消防司令）、当務を終えた宿直明けの大隊長、各課の庶務担当係長（消防司令）などから、前日の災害状況、本日の予定などを確認しました。どこの消防署も多かれ少なかれ実施していると思います。所要時間は、だいたい30分程度ですが、災害内容や対応事案により長引く場合も少なくありません。

一連の報告を受けた後、各管理職からそれぞれ指示事項を伝え、最後に署長の私が締めくくっていました。その後、朝会の指示内容を係長が文書でまとめ、署員全員に朝会での指示事項をメール送信していました。係長は、真意が誤解されたり、意思疎通に齟齬が生じたりしないようにメール送信前に口述筆記を私に確認してくれます。私は、これを訂正し完成版を係長に返すと署員に対して一斉送信し、朝会での指示が事実上完了します。私は、完成版をその都度、保存し、退職後にでも紐解いて当時を懐かしんだりしようと思っていました。

今回、特に印象に残った50選を当時の朝会での指示場面や発生した事案を思い出しながら、もう一度、朝会があるなら、こんなふうに語れば、もっと解りやすかったはずだと自省も踏まえて、加筆修正しまとめました。

実は、朝会では、時には、かなり強い語調で叱責をしたり、下命をしたりしたこともあり、今でいうハラスメントの範疇になってしまうかなというのもあったと思います。執筆作業をしながら、あの時は、怖い表情をしていただろうなあとか、あの時は、署員から学ばせてもらったなあとか、様々な思いが蘇ってきました。あれは、言い過ぎだったかも、もう一回、あの時の朝会をするなら、こんな語り口調にすべきだったと冷や汗物もありました。

今回の50選は、私が、メールを通じて署員全員と向き合った（一方通行ですが）証の一部です。不祥事や処分事案の内容こそ、週刊誌的感覚であれば具体的に知りたいと思うところでしょうが、事案じたいより、組織が何らかの危機に瀕してしまった時、どんな声掛けを署長として職員にしたのか知っていただき、現役管理職や隊長の部下への説示などに活用していただければと思い執筆いたしました。これは、消防に限らず、どこの組織でも事業所でも起こりうることで、その時のリーダーの一言で大逆転が起きたり、さらなる大敗を期したりすることにつながっていきます。だからこそ、リーダーは、日々やりがいがあり、精進していかなければならないのです。

　朝会での、指示を出すにあたって、出勤途上から、あるいは前日から考え抜き、言葉を選んで伝えることも多々ありました。また、その日の報告を聞いて激怒して、瞬間的に叱責することもありました。職名に長がつくと、職権や職域に違いはあれ、従業員や職員を諭したり、命じたり、叱責したりする機会があります。また、人前であいさつをしたり、言葉をかけたりする機会も増えてきます。

好きも嫌いも、時間をかけて両想いになっていきます。「良い奴だ」ととことん部下を信じ抜くと、相手もそれなりにいずれは心を開いてくれます。嫌いと思って遠ざけると、それも相手に伝わってしまい、心底から意思疎通することなく、互いに無難に接して、人事異動と同時に別れが来ます。

本書は、困難な局面に見舞われた時、喜ばしいことの報告があった時、職員が失敗をしでかした時など、様々な場面に遭遇し署長として悩みながら、どのように職員にメッセージして、奮起させ、再起させようとしたか、健康も維持してほしい、万全でいてほしいとの願いを込めて署員と向き合った50選です。上司になって、部下を持ち、そしてその部下の家族の幸せにも責任を持って臨みたいと努力奮闘している方々にとって、職員や従業員への声掛けのヒントにしていただければ幸甚です。

永井秀明

目次

朝会の言葉 1

いつも以上に

本日、本庁から部長が我が署に視察に来ます。

いつも以上に元気ハツラツな対応をお願いします。

「えっ？いつも通りにしてほしい。特に、準備の必要なしと本庁からは沙汰があったはず。いつも通りでなく、いつも以上にって、どういうこと？？」と皆さん、違和感がありますか？

例えば、自宅にお客さんが来るとしたら、玄関を掃き清めたり、花を飾ったり、いつもよりも、気の利いた素敵な笑顔でお迎えしませんか？

お客さんが来る時だけでなく、何事も「いつも通りより、いつも以上に」という意識で臨むことが大変重要だと思います。

昨日より今日、今日より明日、1センチでも1ミリでもいいから前進していくことを意識するほうがカッコ良いと思いませんか。

はたで聞いていても、そういう心持ちのある人と組みたくなりませんか。いざ何かに挑戦するとき、「いつも以上に！」と念じて臨めば、結果的にいつも通りの、待ちうる実力の100％を発揮できると思います。

常に、いつも以上を意識するからこそ、昨日より今日、何か真新しいことに気付いたり、前進したりがあるのだと思います。

もちろん、ひとつひとつ着実にという考えもあると思います。

しかし、今日は、是非、いつも以上の最高の自分自身で部長をお迎えしましょう！

朝会の言葉 2

停電、断水、通行止め

停電、断水、道路の通行止めの情報は、消防活動遂行上、極めて重要であり、入手した職員は、大隊長まで速やかな報告をお願いします。

これらの情報を受け付ける職員は、比較的経験の少ない、若い職員が多いと思います。

是非、若手職員には、次のことを伝えて速やかな報告の徹底をお願いします。

例えば、停電ならば、エレベーターや消防設備が停止する可能性があります。高層ビルなどの救急活動では、エレベーターが使用不能となり階段活用のために、

出場途上から傷病程度の情報を入手し、早期に消防隊を応援要請する必要があります。

断水の場合は、消火活動の放水に直結することであり、取水可能地区からホースを長距離延長したり、消防活動要領を練り直したりする必要があります。

出場予定の道路の途中が工事などで通行止めとなっていれば、回り道となり災害現場まで最短距離の道路選定ができず、消防隊の現場への到着順位が急遽変わり、後着に到着する予定の消防隊が[※1]救助指定になる場合もあります。

[※2]タンク積載車が最先到着できず、放水が遅れることもあるかもしれません。

こうした活動障害につながるということを、情報を受け付ける職員は強く認識して、速やかに指揮者に報告をあげて適切な対応に万全を期してください。

単なる活動障害の届け出として受付けるのでなく迅速的確な処理を命じてください。

※1　救助指定：逃げ遅れなどを真っ先に救助する任務を持つ指定隊
※2　タンク積載車：1～2トンの水を積載している消防車両で迅速な放水につながる

朝会の言葉 3

お盆の防衛運転

お盆休みの時期は、日頃は全く運転しない人が帰省のため運転したり、渋滞のために集中力が散漫になったり、交通事故が発生しやすくなります。

私も、救急の機関員を担当していたころ、嫌というほど思い知らされました。各機※関員は、車両運行時には、いつも以上に防衛運転に配意するとともに、乗車員全員で安全運行を徹底してください。

具体的には、地方ナンバーの車両には、いつも以上に多くの注意を払ってください。その車両の後方や側方を通過する際には、車両間隔を十分にとるようにしてください。決して地方の車をさげすんでいるのではありません。都内の道路事情に慣れていない車両が走行している可能性が極めて高いからです。

ふだんは運転をしない、とっても不慣れな方が操作していることも多々あります。また、道順に慣れていない運転者がナビを見ながら、運転しているので危険要因を見過ごすこともあるし、窓を閉め切っていてサイレンの音が聞こえない場合もあります。

我々は、サイレンも赤色灯もある緊急自動車だと絶対に過信せず、防衛運転を是非とも徹底してください。緊急走行時こそ、サイレンと赤色灯だけでなく、拡声器を効果的に活用し明確な指示を出してください。

道を譲ってくれたと安易に判断せず、例えば、「白色の車両の運転手さん、ありがとうございます。救急車、通過します」など、譲ってくれている車両に対しても明確に、そのまま停止していて欲しい旨を伝えて走行してください。

わが署の交通事故ゼロをこのまま継続していきましょう。

よろしくお願いします！

※　機関員：救急車や消防自動車の運転を担当するための専門研修を修了した職員

報連相の判断基準

いわゆる「報連相」とは、報告、連絡、相談のことですが、どんな時に上司に「報連相」していますか？

困った時ですよね。

では、困った時ってどんな時ですか？明確な判断基準を持っていますか？隊長なら隊員にどんな時に「報連相せよ」と命じていますか？

我々は、法令や規程を順守する義務があります。

誰もが、誰に対しても平等に公平に永続的に対応していく必要があるからです。

このルールに逸脱しそうになった時、あるいは逸

脱しないと下命事項が成就できないような時、まさに報連相をする時機になります。この時は、速やかに上司に「報連相」です。その段階から、組織対応になります。単なる個人でなく、組織としての判断にあがっていくはずです。私の経験だと、禁止事項をあえて実施する時がまずあげられます。

例えば、二次会禁止のルールを、あまりに一次会が盛り上がり、こういう皆で乗りに乗った機会はなかなかないから、少しだけなら二次会に行ってしまおうと禁止事項を実施する場合です。

あるいは下命事項を省略する時。例えば、自転車整備をする日だったのを、延期する時。部下は「報連相」をしてきてくれました。

上司としては、なるべく例外を作らず、規則を遵守することを大前提に決断することが重要です。「このくらいなら省略しても良いだろう」が大事故につながる場合があるし、「まあ、今回に限って、禁止を解除しよう」と決断したことから、後悔する事案になる場合があります。

賄い※のお金が帳簿と合わない、いつから合わないのかわからない、しかし、高額でないからと報連相されず、後になって、不適切な金銭管理として事案に発展する場合もあります。

日頃から「報連相」しやすくコミュニケーションを促進しながら、皆で考え、皆で適切な方向に常に進んでいける風通しの良いチームワークを育んでいってください。

※　賄い：消防署は、朝食夕飯は自炊しており、食事代を1か月分職員から「賄い」と称してまとめて集め、そこからその日の食事当番が食材の業者に払っていくシステム

朝会の言葉 5

消防車両もパートナー

今朝、消防車両の清掃をしていた東京君（仮名）が、はしご車の後輪タイヤにボルトが刺さっているのを発見しました。

　はしご車の後輪タイヤは皆さんご存じの通りダブルタイヤでその車両内側のタイヤにボルトが刺さっていたのです。タイヤハウスに身体を入れ込んで点検しないと発見できるものではありません。しかも、東京君は、はしご車の機関員※でも、はしご隊員でもありません。

　毎朝、清掃時に車両のタイヤを磨くのが彼の任務のひとつで、手を抜くことなく心を込めて対応していたから発見できたのだと思います。消防車両もまさに一緒に火事場に行く我々の重要なパートナーであり、車両清掃を単なる作業と思わず、手間をかけて丁寧にケアすることが、仲間や仕事を愛するということに繋がり、揺るぎない信頼関係の絆になっていくのだと思います。

　はしご車もきっと喜んでいると思います。

　東京君、仕事上の重要なことを気付かせてくれてどうもありがとうございます。

（後日、東京君には、署長褒賞（署長が賞状にて褒める表彰状）が授与された。）

※　機関員：救急車や消防自動車の運転を担当するための専門研修を修了した職員

朝会の言葉 6

基本知らずの応用は手抜きと同じ

基本を疎かにして応用と称して活動したり、運用したりすることは極めて危険です。

「基本知らずの応用は、単なる手抜きである」と心得てほしい。

自転車で言えば、バランスも脚力もブレーキのタイミングも完全でないのに補助車を外したら必ず転倒するに決まっています。柔道で、十分な受け身もできないのに乱取り稽古をしたら怪我をしてしまいます。

野球であれば、見よう見まねでダブルプレーなど

できるわけがありません。日々の業務も同じです。

基本をいかに認識し忠実に身に付け、身体に覚え込ませた者だからこそ、応用編が流暢にこなせるようになるのです。応用編は、スピードもあるし、着実でかつ円滑なのです。

これは、基礎あってのことです。

基本も十二分に会得できていない者が、かっこ良さにあこがれて応用に走ることは、単なる手抜きに等しく、事故の要因を倍加させるだけで極めて危険であると弁えてください。

地道に、誠実に、雨の降る日も、寒い日も暑い日も、ひたすら鍛錬を重ねた暁に、揺るぎない型が完成し、スキのない姿勢ができあがります。

応用編に安直に走ったり、コツや裏技にこだわったりすることなく、正攻法で何事も丁寧に揺るぎないものを身につけていってください。よろしくお願いします。

朝会の言葉 7

表彰式でのパワー

本日、表彰式を挙行し該当者に表彰状を授与しました。

受賞者に共通する点は、誠実でかつ真摯な職務姿勢の持ち主であるということです。

その職務姿勢による日々の業務の積み重ねが賞に結び付いたと思います。彼らの職務姿勢に心から敬意を表します。

たまたま大きな事案にぶつかって上手く対処できて賞に結びついたのではないことを全員で認識してほしいと思います。

ふだんからの真摯な業務処理の積み重ねがなかったら、大きな事案に遭遇した時、動揺してしまい失敗する可能性のほうが高いと思います。

今回、都民が生命の危機に瀕していたのを救命したという見事な結果を引き出したのは、やはり誠実かつ真摯な対応の積み重ねが大きなパワーとなっていると思います。

いざという時に揺るぎなく、能力を存分に発揮し、都民の救命につながったのだと思います。本当に良く頑張ってくれました。

さて、失敗すると「他人事と捉えるな、教訓にせよ」と良く言いますが、この良き表彰事案こそ他人事にしてほしくないとつくづく思います。

受賞者からみなぎってくる素晴らしいパワーを、受賞していない職員も感じとって、明日からの仕事の糧にしてほしいと思います。

皆で受賞者を心から称え、そのパワーを分かち合い、職員全員で努力精進の糧にしていきましょう。

受賞者の皆さん、大変おめでとうございました。そして、列席してくれた職員の皆さん、大きな大きな称賛の拍手を送りましょう。

朝会の言葉 8

人事異動が決まったらすること

今回、人事異動に該当した職員は、自分の業務の申し送り簿を早急に作成し、直近の上司に報告するとともに、直近の上司は、その申し送り簿の内容を確実に把握しておいてください。

異動発令日まで日にちがわずかです。申し送り簿は、転出者と転入者の二者間だけで実施されるものではなく、必ず、直近の上司も業務内容の詳細について把握して、人事異動直後の補完体制に万全を期してください。

人事異動直後に事故発生が多い原因はいろいろありますが、業務の申し送りという点でみれば、

①申し送り内容がきちんと引き継がれていないこと、

②転入者が業務を十分把握していないこと、

③その直近の上司が業務の申し送り内容を確実に認識しておらず、任せきりにしていること、などがあげられます。

例えば、1番員※の任務と決まっていたAEDの点検が間違いなく、新たに1番員になった転入者に引き継がれているかどうかは、直近の上司自らが履行状況を確認する必要があります。

絶対に、隊員や部下任せに放置せず、間違いなく任務が励行されているか、引き継ぎがなされているかは、直近の上司がきめ細やかに目を配ることで、未実施を防ぐことができます。新たに異動してきた職員に「この件について聞いているか。」などとreconfirm（再確認）し「えっ、私の任務だったのですか」とか「聞いていません」とたとえなったとしても、そのやり方、対応方法をその場で教え、温かく接してあげてください。

確実な業務執行の引継ぎが徹底されているかどうかは上司によると思います。

よろしくお願いします。

※　1番員：消防部隊は、小隊ごとに小隊長（その部隊の長）、1番（小隊員の先輩格）、2番員（小隊員の後輩格）、機関員（消防車両の運転・機械操作担当員）により編成されている

朝会の言葉 9

人事異動２週間後にすること

４月の人事異動から間もなく２週間が経過します。

上司は「転入者は、不安もなく、ちゃんとできているはず」と根拠のない思い込みをせず、新たに転入した職員に、前任者からの業務の申し送り内容やその履行状況を確認してみてください。

上司と部下が積極的な話し合いをして、業務が間違いなく引き継がれているか確認し合い、万全の態勢を確立してください。

転入者は、異動後の不安やどこに何があるのかの不便さからぼちぼち開放され、こなれてくる時期に入ってきています。「この署では、これで良し、としているのだろう」と違和感を抱いたまま、慣れてしまわないように、正しい方法、誰の任務なのかなど、責任の所在などを明確にしながら、上司、部下、同僚との認識の齟齬をこの時期に解消してください。

また、前署でやっていた取組で、当署でしていないものがあれば積極的に提案してもらい、より良い執務環境を醸成してください。

これが人事異動の効果だと思います。どんどん、素晴らしい取り組み事例はわが署でも取り入れて、職場風土の醸成にも取り組んでいってください。

例えば、「この署ではなぜこれはしないのでしょうか?」という問いが新任者からあったら「そんなことはわが署ではやらないことになっている」と簡単に却下するのでなく、きちんと理由を考え、取り入れて改善してみることが極めて重要です。

新たに来た人は、新しい目で見てくれています。

是非、何でも言える雰囲気の中で、みんなでより良い方向に前進していきましょう。

朝会の言葉 10

休むのも仕事のうち

休むのも仕事のうちと署員は、是非とも心得ておいてください。

良い仕事をしようと思ったら是非、メリハリをつけて「静」と「動」を意識し、切りの良いところで休暇を取得するなど一息ついて下さい。つまり「仕事をすること」と「休むこと」をセットで考えてほしいのです。上司は、次から次へと仕事を与えないでください。

私は、過去に、やっと仕事を成し遂げてほっとしている矢先に、次の仕事の下命を受けたことがあります。次から次へと、仕事がやってきて、いつになったら楽になるのだろうと、心が壊れそうになった時がありました。

実は、筋肉なども筋トレを毎日ガンガンに継続するより、1～2日おきにするほうが効果的です。

大胸筋なら36時間、上腕二頭筋なら24時間の休息時間が生理学的には必要です。

休んでいる時に筋肉は回復しながら太くなっていくのです。

つまり、これが成長なのです。野球のピチャーも中3日なら次の登板まで3日は間を空けるということです。常に、心身が良い状態で仕事に向かうためにも、是非、休暇取得を促進し、趣味、スポーツ、家族とのレジャーなど仕事以外のことで心身を癒して、再び、仕事に情熱を注ぐようなパターン化を是非ともお願いします。

そのほうが、断然、良い成果が得られると思います。

「仕事」と「休暇」は、電気で言えば「＋」と「－」、野球なら「攻撃」と「守備」。セットで成り立つのです。つまり、「静」と「動」です。仕事を考えない時があるからこそ、真新しいことに触れる、感じ取れる感性が磨かれます。オフのときに、おいしい物をおいしい、美しいものを美しいと感じる余裕を持つことが重要です。

もちろん、仕事に没頭することを否定するものではありません。がむしゃらに集中することがあっても良いのです。

ただ、その後には、必ず成長のためにも、次の出番のためにも、心身を休めることに配慮してください。

朝会の言葉11

忙しい時には地がでる

人は、余裕がなくなると「地《ち》」が出ます。理性で覆い被されていたのが、理性を失い、もともとの「地」が出てくるのです。だから、普段から良い習慣の積み重ねがとっても大切なのです。普段から誠実に、真摯に物事を対応していることが習慣化している人は、たとえ忙しくても、何か不測の事態が発生しても「地」が誠実で真摯なので、守るべきことは守り、落ち着いて、危険を回避することができます。

面接試験を思い浮かべてみてください。ふだんから笑顔で誠実に真摯な行いをしている人は、面接官に誠実な人柄として映るはずです。なぜなら、「地」で勝負しているからです。

普段からきちんとやっていない人が、その時だけうまくしのごうとしても、スーツがぎこちなく、なんとなく似合ってない、回答が取り繕っているように見えて、不自然さを感じさせます。

この人ならではの「地」と合ってないからです。面接官もそこをついてきます。

常に、正しい行動を励行し、笑顔を絶やさない表情を心掛けていると、いずれそれが心身に染み込み、自分自身の「地金」になるはずです。そうしないことが気持ち悪くなります。

是非とも「地」を揺るぎないものにできるようにお互いに精進していきましょう。

朝会の言葉12

参加することに意義あり

関東君（仮名）が「テニスの大会で準優勝しました」と今朝、賞状を持って報告に来てくれました。

また、埼玉主任（仮名）は、柔道の大会で40歳以下の部に出場し惜敗しましたが良く健闘してくれましたと大隊長から報告を受けました。

仕事以外の何かに打ち込み、大会や試験に臨むことは、勝っても負けても、合格しても不合格でも大変素晴らしいとつくづく思います。

特に、惜敗した埼玉主任のことを上司である大隊長が本人の頑張りを私に報告してくれたことに大変感動しました。参加することにたくさんの意義があります。それは、立派な挑戦ですから。仕事以外のことで没頭できるものを持つこと、挑戦したり、打ち込んだりすること、これは本当に素晴らしいと思います。

仕事以外の方々とつきあう機会にも恵まれ、様々な角度から人生が磨かれて、実りが多く、実に豊かになると思います。埼玉主任のことを報告してくれた、度量の深い大隊長も長年野球をしているとのことでした。

だからこそ、惜敗した部下のことを思ってあげられるのだと合点がいきました。

東京君、テニス準優勝おめでとうございます、惜敗してしまったけど埼玉主任の健闘を心から称えます、立派です。

部下思いの大隊長、大変貴重な情報、ありがとうございました。

師走の交通事故防止

師走に入り周囲が慌ただしくなってきました。年内に……という期限付きの配達があったり、仕事の締め切りがあったり、巷は、大変忙しくなります。人は、忙しくなると、余裕がなくなり、周りが見えなくなります。こういう時こそ、チームワークで互いにカバーし合うことが重要です。

そのためには、日頃からコミュニケーションをチームで良くとっておくことが必要です。

師走は交通事故が多発しています。

交通事故発生後、ドライビングレコーダーで状況を確認すると車両事故の特徴のひとつとして、※コメンタリードライブなどの安全確認呼称が乗車員全員で励行されていないことがあげられます。各隊員を聴取してみると「私もなんとなく、大丈夫かなあと少し不安な気持ちがあった」とか「一時停止要領が甘いのではないかなあと感じていた」などの声があります。

なんで、その時に声をあげ指摘や注意をせず、放置するのだ！と叱責に値します。疑問があっても「ちょっと待て!!」と声を出せず、ずるずると「なんとなくおかしい」という状態のまま車両走行を継続し、事故が発生することが多々あるのです。声を出せるか出せないかは普段からコミュニケーションをチーム内でとっているか否かによります。遠慮は絶対的にダメです。

そのためには、チーム内で訓練や検討時に声をよく出し合い、何でもすぐに言える風土が重要です。何でも言える関係構築が、些細な疑問もスルーせず、問題を小さいうちに摘むことにつながります。

隊長は、是非、隊員達に様々なことを尋ねて、自らの意思を言える風土を作ってください。おかしいことを正々堂々とその場で単刀直入に主張できる雰囲気が極めて重要です。

まわりくどい表現をする必要はありません。また、あとでゆっくり話そうと間を取ったために、あの時にすぐに言っておけばこんなことにならなかった、という後悔につながることもあります。是非、何でも言える関係、これが真のチームワークで事故防止を確立していきます。

師走は交通事故が多発します。是非、安全管理に万全を期してください。

※　コメンタリードライブ：安全運行を目的に、消防車両の運転中に、スポーツ観戦での実況中継のように「前方、信号赤」「横断歩道歩行者あり」「一時停止」など事象を呼称し、危険要因を乗車員全員で喚起しながら走行する方法

真し、誠実の積み重ね

忙しいと誰でも余裕がなくなります。

余裕がなくなると、人間は、化けの皮が剥がれてしまい「素」が出てくる時があります。

「地がでた」と言う場合もあります。

例えば、普段からきちんと誠実に対応していない人は、その時だけうまくやろうとしても付け焼刃となってうまくいくわけはありません。

普段から誠実に、真摯に対応をしている人は、たとえ忙しくても「素」がもともと誠実なので、守ることは守り事故防止が図れます。

「地」が真摯な対応や誠実な行動の積み重ねでできているので、忙しい時でも冷静に、適切に心を込めて対処できるのです。

「まあ、このくらいでいいや」と常に中途半端な対応や省略などで済ましている輩は、

完成品も完璧でない場合が少なくありません。忙しいときは、なおさら、おざなりになりがちです。

是非、忙しい時こそ、誠実に真摯な対応をお願いします。

これは日頃からの積み重ねによるほかありません。それが、事故防止に万全を期すことにもつながります。

真し、誠実な対応の積み重ねが極めて重要です。みんなで頑張っていきましょう。

事故防止（助け舟、ストッパー）

事故防止は、事前の準備や心構えが極めて重要なことは周知のごとくです。決められたことや、やるべきことをきちんと守っていると、万が一事故に遭遇しそうになっても、その行動が、助け舟やストッパーとなって作動して、回避したり被害を軽減したりすることにつながります。

例えば、車両点検を省略することなく毎回、確実に真摯に実施すれば、事故に繋がる要因を事前に摘み取ることができるのです。

普段から「やるべきことはやる」「守るべきことは必ず守る」を強い意思を持って励行していれば、その姿勢が揺ぎ無いものとなり、些細なミスを赦さない、あいまいな対応をしない動作が生まれ事故を引き寄せなくなります。

ハインリッヒの法則で、1：29：300というのがあります。大事故の要因は29あり、さらにその背景には300の小さな要因があると言われています。

真摯な積み重ねにより揺るぎない識見を養うと事故につながる小さな要因に事前に気付くことができます。

また、万が一にも事故に巻き込まれたにしても、軽症で済むはずなのです。なぜなら、それだけの準備と行動をふだんから積み上げてきており、身に付けているので、登山に例えれば、ザイルがストッパーとなったり、きちんと準備してきた携行品が活用できたりして、最悪を回避できることにつながります。

全員で事故防止に向けて常に万全を尽くし、心を込めて対応していきましょう。

朝会の言葉16

インフルエンザ予防策

インフルエンザの季節になりました。

インフルエンザは、飛沫感染と接触感染です。人との間隔を２ｍ程度取れば飛沫は届きにくいし、マスクをして相手に飛ばさない配慮も重要です。

そして、可能な限り、手指を清潔にしてください。

また、顔にむやみに触れないようにしましょう。なぜなら、顔には、口、目、鼻など体内に細菌が侵入しやすい入口があるからです。ドアノブやつり革、エスカレータのベルトなどは、様々な人々が触っていて、インフルエンザ感染者も接触しているかもしれません。

こまめで丁寧な手洗いを「仕事だ」「義務だ」と思ってこの時期は励行しましょう。

石鹸を付けて、手のひらだけでなく、手の甲、指の間、指紋の溝、爪先などを３０秒かけてこすり洗いして、最後に、泡と一緒に付着していた菌をすべて洗い流してしまいましょう。

洗ったら、手を良く拭いて、水分を完全になくしてからアルコールを刷り込むと完璧です。手に水分が残っていると折角のアルコールが薄まってしまい効果が低下するので、完璧に水分をきったうえでアルコールを手指にすりこみましょう。

あとは、こまめなうがいとうがいができないなら、一口ゴクンと水分を適宜摂りましょう。すると、口腔内の細菌は、胃に行って胃液がやっつけてくれます。菌を体内には侵入させず、死骸となって便と一緒に排出することになります。

家族も含め消防職員として健康の維持に努め、罹患者にならない、たとえなっても周りにうつさない、また罹患者からもらわない、工夫を皆でしていきましょう。

朝会の言葉 17

引き寄せの法則

今月も間もなく終わります。

今月は、いろんなことがありました。よくここまで様々な苦難を乗り越え、頑張ってくれたと思います。

これは、たまたま上手く行っているわけではなく、署員の皆さんの努力と気概の賜物です。

周りが変な運気に陥ると、悪いことを引いてしまう場合があります。

「類は友を呼ぶ」ということわざがあります。怠惰なことをしている者同士が集まりやすく、逆に、陽気な者同士も互いに引き寄せあいながら集まるのです。

周りが悪い運気であり、自身が毅然としていないと、その悪い運気に引き寄せられてしまうこともあると思います。ちょっとした気の緩み、つまり隙ができたとき、良いものに引き寄せられず、悪い方向に行ってしまうこともあります。

だから、常に、毅然と、堂々と、しっかりしていることが基本と思います。我が署は、署員皆でしつこいくらいに安全管理をずっと徹底しているので、事故を引き寄せていません。

いつも言っているように、ひとつひとつ丁寧に真心を込めて、自分たちがきちんとやっていれば、変なことを引き寄せることは絶対にないと思います。

明るく、笑顔に、ハツラツとして、日々、職務を誠実に遂行し、悪いものを憎み、徹底的に、良い物（者）だけをどんどん引き付けていきましょう。

朝会の言葉18

精勤賞、永年勤続表彰

精勤賞、永年勤続賞の受賞まことにおめでとうございます。

これらの賞は、累積功労といって、言わば、良い行いを永年にわたって積み上げてきた功労が評価されたものです。

毎日、毎週、毎月、毎年、事故なく、着実に、職務を誠実にこなし、寒い日も暑い日も雪の降るような極寒の日も、風邪気味の日も、凛々しく、淡々と、職務を着実に積み上げてきた人にだけ贈られる賞だと思います。

ただ、20年務めたから、30年務めたからと、長く勤めればもらえるというものではありません。長年にわたり、大過なく着実に業務を遂行したからこそ、授与される大変素晴らしい賞です。

賞状文にも書いてあるように、30年あるいは20年以上の永きにわたり……というのがまさにそのことなのです。永きにわたり、職務を遂行し都民の安全安心を着実に確保していただき、本当にどうもありがとうございます。心から感謝するとともに、受賞の栄誉を心から称えます。

今日は、自分で自分を大いに褒めてあげてください。また、ここまで来ることができたのは、仲間、家族、上司、部下の支援があったからこそと思います。人間関係にも恵まれている証拠です。

その恵まれた環境は、一朝一夕にできあがったわけではなく、誠実な、威風堂々とした所作の積み上げのパワーが引き寄せてきたのだと思います。

本当におめでとうございます。

朝会の言葉 19

情報には賞味期限あり

情報には賞味期限がありますし、売り時、すなわち「旬」があります。

そういえば……と過去のことを思い出して言っても、言う人は鮮明でも、受け手は遠く過去のことで画面が浮かばず意思疎通にまでいかない場合もあります。

ひどいのは、過去の失敗をいくつも持ち出し、まとめて怒る人がいます。

相手も、そんなことあったかなあと消化不良になったり、何をどう矯正すべきか画面が浮かばず、具体的に気付くことができなかったりする場合もあります。

情報には賞味期限があります。すぐ腐ってしまう情報もあるし、旬を逃すと信用にかかわることもあります。

通勤途中の電車が急停車したとします。なかなか放送が流れなければ、何が発生したのか把握できず、待っていれば良いのか、振替輸送に転じたほうがいいのか、判断できず、不安になり、イライラも募ります。

情報は、時機を考えながらタイムリーに「旬」のうちに、発信していくことが極めて重要です。雪が降る前日の路上凍結防止の情報、夏の熱中症予防の情報、火災多発期直前の火災予防の情報など、タイムリーな情報提供により都民の安全安心をガッツリと確保していってほしいと思います。よろしくお願いします。

朝会の言葉 20

不適切事案発生

今回の不適切事案は、一歩間違えば、大変なことになったと思いますが、結果的には、事なきを得た状況です。

しかし、重大な事案であったと職員全員が受け止めるために2つのことを伝えておきたいと思います。

その1つは、今回の事案を、重大な事故が発生する前の警告と受け止めてほしいのです。一歩間違えば、大惨事になっていたと思います。この警告をいかに真摯に受け止め、再発防止を図るかは一人一人の誠実な、着実な職務姿勢にかかっています。本日から、この事案の背景、要因、再発防止を確実に認識し、今後の職務を実行していってください。

2つめは、事案をしでかした職員は猛省している状態であり、彼が起こした不注意は誰にでも起こりうるかもしれないピットフォールであったことです。

たまたま彼がその落とし穴に落ちてしまったと言えます。彼が、我々の身代わりになって、間違いをしでかし、嫌な思いをしてくれていると考えてみてください。

その職員に立ち直るためのエールを送るとしたら、我々全員が同種事案の再発防止を徹底する以外に方法はないのです。どうか、今こそチームワークで、対岸の火事とせず、他山の石にしてほしいと強く思います。

全員で今一度、再点検し万全の体制で臨んでいきましょう。

朝会の言葉 21

部下を守るとは

副署長の本日の指示のとおり「久しぶりだから気をつけろよ。」の声掛けに終始せず、時には不時出場訓練[※1]を実施して、大隊長自らの目で迅速に出場態勢が確保できているかを確認するとか、「誰と誰が入れ替わっているので、しっかりとした補完体制で臨んでほしい」といった具体的な下命を指揮者はしてください。

指差し呼称[※2]も毎回毎回人差し指で「異状なし」とやっていると形骸化して、恰好だけ実施し、実は目視していないというデータもあります。指差し呼称は、通常、人差し指でやっていたものをたまには中指でやるとか、親指でやるとか、あるいは呼称の仕方を変えることによって意識が変わり、新たに注意心が喚起できるのです。いわゆるマンネリ化の防止です。心を入れなおすのです。

昨日、不適切事案にかかる再発防止の署長通達を発出しましたが、各級指揮者に実施してもらいたいことが記載されていますので、熟読したうえで具体的な指導をお願いします。

部下を守るというのは事故を起こさせないことが大前提であり、かばってあげるということではありません。

事故を起こさせないように部下を平時から適切に導くことが、部下を守ることだと思います。

励ますことだけでは、部下は守れません。手を変え品を変え、オリジナルの愛情を注ぎ、是非、部下を守っていってください。

よろしくお願いします。

※1　不時出場訓練《ふじしゅつじょうくんれん》：想定した出火番地を突然、庁舎内の放送で流し、出場部隊が防火衣などに着替えタイム測定のもとに整列する訓練

※2　指差し呼称《ゆびさしこしょう》：異状の有無をその箇所を人差し指で差しながら、「前方良し」などと声をだして安全確認していく方法である

救急搬送トリアージの効果

本日の当務報告で※救急搬送トリアージの事案がありました。

本事案のように要請者が傷病者本人からではなく居酒屋店員など第三者の場合、素人判断で何か対応するより、とりあえず救急車を要請してしまおうという傾向があります。救急要請者が本人の場合、本人の症状に明らかに緊急性がない旨を説明すると、「救急車を呼んではいけないということか！お前ら、俺らの税金で飯を食ってんだろ！」ととっても嫌な言葉を投げつけられ、怒鳴られる場合もあります。なぜなら、本人は一時的にも苦しい思いや救急車に頼ろうという意思があり救急車を要請したのに、それを咎められたり、否定されたりしたと感じるからです。

でも、緊急性がなければ、その場で、救急車は引き揚げ、他の重症事案に向かいたい旨の理解を求める必要があります。救命活動とは違った神経を使います。本事案は、店内の客の具合が悪くなり、店員が救急要請をしています。傷病者を観察後、異状がなく「大事に至らなくてよかったですね。これぐらいであれば救急車で病院に行かなくて大丈夫です。もし不安であれば救急相談センターに問い合わせると救急車を呼ぶべきか大丈夫かを判断してくれます。また、直ぐに診てくれる一番近い医療機関案内もあります」と説明すると、傷病者自身は自分自身で救急要請しておらず、だいたいは納得します。なおかつ、店員の救急要請者に対しても「この程度で119番にかけて呼ぶべきではなかったのだ」という暗に説明効果のあるものにもなります。

搬送トリアージは一歩間違えると苦情に結びつくものになりますので、今回活動した救急隊は、丁寧な説明や念の入った詳細観察により判断し、救急車が重傷者に向かえるような適正利用に積極的に対応し、本当によく頑張ってくれたと思います。救命活動と同じくらい、神経をすり減らす活動であり、労を多とします。救急車は必要ありませんという署名までもらい、全てを成就した活動でした。しかも、不搬送なので、救急活動としては不従事という扱いですね。

本当にお疲れ様でした。

※　救急搬送トリアージ：一定の観察基準により、傷病者に緊急性がないと判断できた場合、傷病者の同意にもとに、救急車以外の方法で病院受診を促したり、あるいは様子をみたりするなどして、救急車はその時点で引き揚げて、次の救急要請に備える制度

救急審査会を終えて

昨日、救急審査会に参加しましたが、わが署からの代表救急隊は審査日に至るまでに、訓練をガンガンにやりまくり、能力伸長が甚だしかったです。

重要なことは、この救急審査会は「単なるイベントではない」ということです。鍛錬に鍛錬を重ね審査に臨むという職務姿勢が極めて重要で、国民の生命、身体、財産をまさに守り抜くことにつながります。残念ながら、私が見る限り、昨日の審査会での行動は、全てスムーズに対処できたとは言い難い内容でした。緊張もあったのだろうと思います。

審査会終了後に隊長に「チャンスがあるなら、もう一度、審査を受けたいと思うか」と聞いたところ「くやしくて、くやしくて……。もう一度やりたいです」と即答がありました。きっと「あそこができなかった。」「ここがうまくできていれば……」と悔しさが残ってしまったのだと思います。一生懸命頑張ると終わった後に余韻が残ります。結果は天に任せるという清々しい印象、ここが上手くいかなかったという悔しい残心。

「訓練に終わりなし」「反復と継続は力なり」というのを、彼らは心から学んだと隊長の即答から感じました。きっと、隊長は、これで終わったと終止符を打たず、まだ過程である、頂上はまだだと感じ取ったのではないでしょうか？失敗でなく、現段階では、成功に向かっての過程であり、改善点の克服過程と捉えれば良いと思います。成功への道のり、過程です。これから、まだまだ、成長していく過程です。わが署の代表として出場してくれた救急隊は、隊長を中心に、素晴らしい部隊になっていくと私は確信しました。皆さんでエールを送ってあげてください。

審査会への出場、大変お疲れ様でした。前途に大いに期待します。

中隊審査会を終えて

昨日は中隊消防活動審査会に当署の代表として出場した東京中隊（仮称）の皆さん、大変お疲れ様でした。

あらゆる行動に確固たる判断要素がふんだんに詰まっていて、かなり濃厚な活動内容に仕上がっていました。動作の一つひとつに魂が入っていて、よくぞここまで練り上げ、磨きまくったなあと見ていて、心から感心しました。

まず、審査に臨む直前、整列した姿を見た時、執務服（防火衣の下に着ている作業服）にアイロンがビシッとかかっていて、折り目正しく、戦いに臨む武士の潔さ、凛々しさを感じました。中隊長を中心に、小隊長、各隊員の気概がみなぎっているのを感じました。「これは

勝てる！」と瞬間的に感じました。不謹慎かもしれませんが、これからどんな消防活動が展開されるのか、ワクワク、ドキドキしてしまいました。放水一つをとっても、その所作には拘りがあるのを発見しました。防火造の建物火災では、ノズル流量※1のめやすを360リットルと活動要領では規定していますが、我が署の出場した中隊は、火災初期でこれから延焼拡大していく状況下であると見極め、火勢制圧をまずは主眼と判断し、ノズル流量をさらに多めに設定にしていました。

　ただ、この流量をずっと継続し過ぎると今度は水損※2も懸念されるので火勢制圧後は放水量を切り替えるなど、きめ細やかな対応が確認できました。審査会では、決められた360リットルのまま対応する隊がほとんどでした。訓練を繰り返し行い、積み上げていかないとできない行き届いた判断であり技だと感心しました。

　要救助者※3の発見も早かったし、救出も迅速的確でした。火災建物から要救助者を出してきた直後の、機関員や救急隊の連携も実に見事でした。先手先手で行動を皆が読んで活動していました。野球でいえば、連携プレイのように、円滑で、見事でした。それぞれのカバーも行き届いていました。磨き抜かれた技や一糸乱れぬチームワークに匠の技を感じました！大変お疲れ様でした。

（この中隊は、後に消防総監賞を受賞した。）

※1　ノズル流量：ホースに結合している放水量を調整できるノズルにより、何リットルの水を一度に出すか調整している

※2　水損：火災の場合、燃えた部分の損害でなく、消火水が火点周辺部や下層階に漏洩するなどして家財などが損害となること

※3　要救助者：救助を要する者、すなわち建物内などで倒れてしまっている逃げ遅れ者などを指す言葉

漫然、希薄、怠慢、無関心

一生懸命仕事をしてくれている職員がたくさんいる一方で、ごくごく一部の職員が漫然と仕事をしていたり、意識が希薄だったり、怠慢であったり、自分の担当ではないと無関心だったりすることが、事故や事案を惹起させてしまうことがあります。

一旦、事故や事案が発生すると、その原因究明、対策、再発防止などについて、署員全員が苦労することになってしまいます。

ほとんどの職員が主役になってくれて、一生懸命頑張ってくれています。

是非それを全員で実行していき事故防止に万全を期したいと思いますので、どうかよろしくお願いします。

事故を誘発してしまうキーワードとして、漫然、希薄、怠慢、無関心の４つがあります。

皆で絶対的に排除し、全員が自分でアレンジして対処していく仕事として捉えて、前向きに、真摯に取り組んでいきましょう。

広報物の作成について

地域防災係が、防災に関する素晴らしい広報リーフレットを作成してくれました。

実に見事な出来栄えであり、広報物を作る際に具備すべき要素が完璧に網羅されていると思いました。

1つには、解りやすいこと、つまり専門用語がなく、写真やイラストを豊富に使用するなどして、都民が消防と同じイメージを描き、理解しやすくなっており、インパクトを与えていること、2つめは、使うTPOや年代を考えた物であること、座談会で用いる資料なのか、あるいはイベントなどで配布するものなのか、解説書として使うものなのか、主に手にする都民の

年代は何歳ぐらいなのか、ビジネスマンか、主婦層かなどです。

そして、３つめは、消防としての意思が明確に示されていること、つまり今後こんなことに留意してください、これを絶対に守ってくださいなどが適切に示されていて、消防側が都民へ望むことのメッセージが入っているかどうかです。

メッセージといっても、言葉でなくても構いません。イラストでも写真でも、ちょっとした呼びかけによるイメージでも良いのです。

今回、地域防災係が作成したリーフレットには、その３つの要素がすべて網羅されていて、見事な出来になっています。是非、皆さん、リーフレットを手に取って、考察してみてください。

その１の解りやすいこととは、何種類のイラストにより表現されているのか、あるいは、どんな言葉を用いているのか、

その２は、これは主に、こういう人が対象なのだとなぜなら、こういう内容が盛り込まれているとか、

その３が、特に重要です。こんな主張が、こんな方法で力強く表されている、全体的に醸し出されるイメージはこういうことなのだ、と理解できると、今後、乗り物の中吊り広告やポスターなどの創意工夫にもいろんな発見があり、今後の対応の参考になると思います。

広報の在り方いかんによって、相手が抱くイメージが全く違うものとなり、たくさんのファンがついたり、協力者が現れたりということにつながります。

火災予防について適時適切に広報しながら推進していきましょう。

仕事の練度

実は、先日の朝会で、ベタ褒めした広報リーフレットですが、裏話があります。

私が「こんな出来ではダメだ！」とダメ出ししてから、素晴らしい広報物に出来上がるまでに、「ここはもう少しこうじゃないの？」、「こんな色のほうが合うかも？」、「説得力を増すために、根拠として数字を入れてみては？」などと、担当職員と4～5回くらいやりとりを重ね、言わば「意見」や「主張」のキャッチボールをたくさんしました。

職員も何度も粘り強く頑張ってくれて、署長室に「今日こそは！」と入ってきてくれて、その職務姿勢と意気込みは本当に素晴らしいと感じていました。この所作が仕事を練り上げるということであり、練度の高い、密度の濃い成果物へのプロセスとなっていくのです。

署長から注意を何度も受け（こちらは、注意とは思っておらず、一緒に考えて、こういうほうが良いと提案しているつもりなのですが……）、背中に大汗の感覚だったと思います（笑）。

しかし、その時に大いに職務能力が伸長しているのです。柔道でいえば、何回も互角稽古をしている感じでしょうか。リーフレットを作るという作業工程の中で、そもそもの広報の在り方として、

その1、写真、イラストの活用で解りやすく、

その2、TOP、年代を考慮、

その3、消防としての意思の明確化の3要素を学んでいますし、なんといっても、精神力が強くなったと思います。

「うん、良いリーフレットが出来上がったねえ」とOKを出した時、その職員の笑顔は例えようがありませんでした。克服感や達成感など、業務を通じて喜びを実感したという素晴らしい表情をしていました。また、何度も検討を重ねる間にたくさんの情報を調べたり活用したりしていることも伝わってきました。これでもか、これでもかと、いろんなことを投入してきているなあと思いました。リーフレットを作るということを通じて、知見が拡充し、この知識は、また他の場面でもきっと活用できます。仕事の練度を増すとはこういうことだと思います。

担当してくれた職員に敬意と感謝を表します。

本当に本当にお疲れ様でした。

朝会の言葉 28

期限の設定と主体性

期限は、持ち時間ではありません。期限は、言わばDEAD LINE（デッドライン）であり、これを過ぎれば、OUT（アウト）であるというギリギリの線です。ならば、アウトぎりぎりで対処するより、早め早めにゴールしてしまったほうが良いと思いませんか？着手が早ければ早いほど余裕が生まれます。

例えば、「まだ、期限までに10日ある」と思って、結局ギリギリまで着手しないより、期限前に仕上げてしまい、なるべく早くフリーになっておくことで、急に他の仕事を頼まれても、対応することができます。また、空いているから、新たな仕事が入ってきたとも考えることができます。

仕事に追われず常にフリーになっていると、良い発想が生まれるチャンスにも繋がります。なぜなら、心に余裕があるからです。ギリギリだったり自転車操業のようなことをし

ていると、間違いに気づかなかったり、成果物が万全となっていない場合もありえます。

例えば、業務には、期限のあるものがありますが、その期限とは別に、自分の期限を設定し、この日までに課長のＯＫをもらっておこう、自分としての完成の期限はここにしようと設定すると、仕事をやらされている義務感が少なくなり、自分自身が「主役」になって、主体性が出てくるものです。

自分で行程を決めて、自分で操作し自分で進めているからです。完成した暁には、喜びが実感できるのではないかと思います。そのためには、自分の「期限」を設定して、その間に何回も検討する余裕を持ち、練度（練り上げ度合）の高い、真心の入った成果物を是非、目指してほしいと思います。子供の頃の夏休みの宿題を思い浮かべてみてください。

私は、いつも夏休みが終わる8月下旬まで対応せず、遊びまくり、いよいよあとがない、という時期になって着手していました。結局、読書感想文などは、味わって読むだけの時間がなく、なんで感想文なんていう宿題を出すのだと文句を言いながら飛ばし読みをし、やらされ感で処理していました。おのずと、感想文の質は低くなっていたと思います。たぶん、先生などは、これは読んでないで書いたなと見透かしていたかもしれません。何事も、きちんと行程と自分の期限を設定し、余裕をもって臨むことにより、質の高い、学びの多いものになると思います。期限のある業務をしている方は、是非、自分自身の期限などを設定して進取的に臨んでみてください。

朝会の言葉 29

人事異動期は、３Ｈで事故防止に万全を

私の経験からすると、人事異動期は、事故が多いです。

つまらぬミスも散見されます。事故を無くす手立てとして、３Ｈの原則というのがあります。

「はじめて」

「久しぶり」

「変更」

この３つは、ローマ字で書くと、すべてＨからはじまります。

このどれかの要素があると業務の流れが悪くなったり、事故が起きたりする可能性が高くなるのです。

例えば、人事異動直後は、

「はじめて」この業務を担当するとか、あるいは、やり方、人、開始時刻などが「変更」になったりしています。

始業時に、例えば、「私は、本日の業務では、３Ｈに該当しています。久しぶりに車両を操作します」など周りに申告をして、皆で補完体制を是非ともとって安全管理に万全を期してください。

このほか、機関員は「この道は初めて通ります」など宣言をし、その申告を聞いた消防車両、救急車両の同乗者は、全員で注意心を喚起し補完体制をとってください。

また、転入したばかりの人の場合、なかなか言いにくい場合もありますから、積極的に手を差し伸べて、「大丈夫ですか？わかりますか？」と温かく導いてあげることも極めて重要です。

是非、「３Ｈの原則」を皆で意識してチームワークで乗り切ってください。

朝会の言葉 30

３Ｈへの事前対策

本日の警[※1]防態勢を作成するにあたり、３Ｈへの事前の対策が講じられていることが報告を聞いて大変よくわかりました。

　はしご小隊の小隊員が次回の当務日に機関員を担当することから、３Ｈの「変更（Henkou）」に該当していました。このため、前の当番

で、はしご車の操作訓練等を十二分に実施したそうです。

今は、屈折放水作業車が入工中[※2]ですので、余剰の人員がいます。余剰の人員を活用して、誰に時間を与え、普段できないことをやらせるかが重要なのです。

今回は、警防態勢を作成した際に、はしご小隊の機関員に３Ｈが発生すると当直主任[※3]が気付き、屈折放水作業車が入工中で人員に余裕があるため、その人員をはしご小隊員にして、次回の当番で、はしご機関員になるはしご小隊員に操縦訓練をさせるなどの対策を講じました。これこそが３Ｈへの事前対策であり、事故防止に万全を期して臨んでいるということです。３Ｈを迎え撃つ態勢作りとして当直主任の配慮は非常に素晴らしいと思います。

安全管理に万全を期している職務姿勢に敬意を表します。

※１　警防態勢：朝から翌朝の交替までの各部隊の隊長、隊員の編成のこと。概ね消防隊なら、１隊あたり、隊長以下４～５人で編成する。救急隊は、隊長、隊員、機関員（運転など機械操作の担当）の３人で編成する。
※２　入工中：整備工場に車両が入っていること。このため本来、その車両に乗車して出場する職員が訓練など、災害出場以外の業務に就くことが可能となる。
※３　当直主任：消防司令補の階級で、輪番制で当直主任を務め、その当番日の各部隊の警防態勢を作っている。

朝会の言葉 31

タイミング

物事を実施する際にはタイミングを是非とも考えてください。

副署長から文書の報告期限について説明がありましたが、何事もタイミングが重要で、本庁への報告期限については署のルールとして３日前に決裁完了と定めています。ただし、内容にもよります。行事の実施についての通知文書の発出などは、３日前では遅すぎます。担当職員が書類を確認し、内容を把握したり練習や下見などに行ったりの時間が必要ですので、実施の３日前では、タイミングを完全に逃してしまっています。

行事実施の何週間か前に書類を発出すれば、係員等からも質問が可能となります。事業がより良いものに練り上げられる期間も踏まえての発出としてください。何事もタイミングを良く考えて、首尾よく対応してください。

例えば、挨拶のタイミングは、自分が目下や部下の場合、こちらから対応するのが礼儀です。頼み事をするのであれば、相手が機嫌の良い時を狙う必要があります。真珠湾攻撃という奇襲という作戦もあります。謝罪は、なるべく早くする必要があります。プロポーズは、どんな時が良いのですかねえ(笑)。物事には、いろんなタイミングがあります。それを良く分析して、あるいは、感覚や経験を大切にして、ここぞ、という時期を的確に捉えて対応する必要があります。ピッチャーの交替、代打を指名する時期などもタイミングでしょうね。いわゆる試合の流れがあの時変わったなどと解説者が言うように、これもまさにタイミングだと思います。話を元に戻して、書類発出に関して言えば、何でもかんでも3日前でいいわけではないことを是非とも認識してください。

先日他署で発生したバッテリーの事故についても、我が署でも起こりうると受け止めて、注意喚起や再発防止は直ちに署員に示す必要があります。書類を準備しつつ、管理職による巡回指導、電話、メールなどいろんな方法を駆使し、時機を失しないように対応することが重要です。注意喚起や再発防止までに間隙が生じてしまうと、その間に同様の事故を誘発してしまうかもしれません。物事のタイミングをよく考え、タイムリーに何事も進めていってください。

働く消防の写生会の展示対応

今日から8月になり、新たな月が始まりました。

月初めの本日から、さっそく「働く消防の写生会」の展示会場を2階の会議室「防災救急広場」に設けたところ、朝から親子連れの方々が観に来てくれていました。

署の玄関入口に掲げたカラーの懸垂幕は大変良い仕上がりになっていると感動しました。また、展示会場までの導線もしっかりと設定し、展示会場がどこにあるのか、すぐに分かるように要所要所にポスターなどがあって工夫されていました。

今朝、展示会場内の小学生達が描いてくれた絵について改めて鑑賞し、私もパワーをもらいました。

展示鑑賞が終わって出口でアンケートを記載してくれた方に配布するお菓子の包装にも、消防車両のシールを貼るなど、ちょっとしたことで、消防を醸し出したり、スマホ写真を撮影できるパネルなども準備してあったり、観覧者に「来てよかったなあ」と思ってもらえるような担当職員の熱意と様々な創意工夫を感じました。

観覧者の中には、「災害時支援ボランティアや消防団、消防少年団に入ってみようかな。」という興味や好奇心を抱く人も出てくるのではないでしょうか？波及効果まで狙えるような対応をしていただき対応した職員に心から敬意と感謝を表します。

いったい何人の方々が来署してくれるのか楽しみだと思います。

消防活動はトータル被害の軽減

昨日の消防活動は、大隊長自らが火点直下階で陣頭指揮をふるうなど、原則を踏まえつつ、臨機応変かつ極めて迅速適切で良好な部隊活動だったと思います。

Ａ中隊の目が利いた安全監視のバックアップの中、ハイパーレスキューとＢ中隊による火災建物内進入、要救助者の早期救出など、人命救助最優先の活動をしてもらいました。

さらに素晴らしかったのは、各部隊がチームワークで、総力で動いたことです。

今、どんな火災で、どういう活動をしているのかの付近住民への現場広報、人員輸送車を応援要請して一時的に避難者の車内への収容、道路通行止めの早期解除、線路沿いだったので日本電鉄（仮称）への情報提供、そして鎮火後、通行止め早期解除による渋滞軽減、付近の高齢者宅への訪問による防火診断と火災予防の普及啓発など、トータル被害を最小限にするべく、総力で対応してもらいました。

　これぞ、目指す理想の消防活動です。ともすると消火活動のみに傾注しがちですが、人命救助や延焼阻止だけでなく、通行止めによる道路渋滞、付近住民の不安など火災によって生じた様々な被害や心理的な動揺などをトータル的に解消してくれました。

　今後も、住民目線での対応を引き続きよろしくお願いします。お疲れ様でした。ありがとうございました。

朝会の言葉 34

職員の不祥事事案

大変残念ながら、他署の職員の非違行為が報道されてしまいました。

他署だから関係ないでは済まされない組織として重大な事案です。今は、来年度の新たな事業やそれに伴う新年度予算の承認を得るための議会会期中であり、この信用失墜行為により、「信頼回復が急務であり、新たな事業や予算拡大の時ではない」と新規事業等に大きな影響が出てしまう可能性もあります。

非違行為者のほとんどは、「再三の注意喚起にも関わらず他人事と捉え」というのが特徴です。つまり、自分には起こりえない、少しくらいなら大丈夫だろう、俺には関係ないとの甘い認識の累積が、大きな過ちへと繋がってしまっています。

どうか職員は、誰が見ていようと、見てなくても誠実に適切な行動を常にお願いします。人の見ていないところで、相手を思いやり、正しい対応ができる人間が一番素晴らしいと思います。見ていてもいなくても、常に、真心を込めた、正直な、ごまかしのない対応をしてください。

その積み重ねが、自分自身の心を磨きます。不誠実な、不適切なことを、とことん嫌うことで事故を回避できると思います。そして、そのような職員が多い組織ほど、信頼度は揺るぎないものになっていきます。

今回の事案を署員全員が受け止めて、規律厳正を再認識してください。他署であれ、我々が属する消防組織で発生した危機です。なんとしても、信頼回復に向けて、粛々と日々、業務をこなしていきましょう。

特に、違反執行をする予防課の職員は、風当りがきつくなることも予想されます。「違反だと？お前ら不祥事を起こしておいて、指摘している場合じゃないだろ！」「税金返せ！」など嫌な言葉も浴びせられるかもしれません。耐えることは耐え、毅然と、すべきことを時間をかけてでも構わないので、丁寧に、言葉を尽くして対応してください。どうか、よろしくお願いします。

皆で、当庁のために信頼回復をしていきましょう。

朝会の言葉 35

現場保存と再出火防止

最近2件の延焼火災があり、消防活動にあたった職員、その後の警戒に従事した職員、そして火災原因調査を警視庁捜査一課や管轄警察署と連携した職員、それぞれお疲れ様でした。

現場保存では、警察とのきめ細やかな連携について今回のように配意し、今後も是非、協力関係を向上していってください。2件の火災とも鎮火の際に、警察の鑑識さんを火災現場に呼んで一緒に調査に必要な写真撮影をし、家具などの配置状況を画像保存後、どんな延焼経路をたどったのかなどを究明しています。

過去には、家具やふとんなどの可燃物を屋外に搬出し※再出火防止を徹底した隊がありました。再出火防止の原則の通りですが、その後、火災前の現場に再現しにくく原因調査に支障を来したことがあります。重要なことは、何事も大きなチームで任務遂行をしており、「ひと手間」かける連携が必要ということです。火災調査班、警察の鑑識さん、などと良く調整しながら可燃物を除去するなど、原因調査を意識した迅速かつ適切な消火活動を引き続きお願いします。

　再出火防止対策もその後の原因調査もすべて火災予防には極めて重要なことです。

　また、消防と警察の連携、協力関係も常に維持向上していく必要があります。自分の業務に忠実になるだけでなく、チームの一員であるという認識を持ち、全体バランスを踏まえた対応を各指揮者は意識して対応していってください。

※　再出火防止：消防では、火災を完全に消し止めたことを「鎮火」といい、その鎮火判定後に同一場所から出火することを再出火という。重大な過失事案になる可能性もあり、再出火防止は重要な使命となっている。

台風への備え

数日後に迫った台風に備えて、特に2つのことを再確認してください。

その1つは、※消防署所の庁舎周辺、屋上及び裏庭の確認です。出張所であれば所長自らが確認し具体的な被害防止を所員に指示してください。今回の台風は、風速６０～７０ｍの強風が予測されています。工作物に重しが置いてあるから「大丈夫だな」と高を簡単にくらず「この重さでしのげるかな」と風速を具体的に想定し問題意識を持って臨んでください。飛散危険が少しでもあれば、全て庁舎内に移動するなど周到な対応をお願いします。さらに、所長等は指示したら履行状況も自ら目視して確認してください。

２つ目は、過去に水災事象が発生している場所は、ここ１～２日以内に現地に出向し、住民に対して土嚢などの準備や排水溝の清掃などの啓発をしてください。再度、出向して実施されていなかった場合、消防で対応し後日、防災訓練などの指導時にどうしたら今後、励行できるか注意喚起してください。

　また、水災時に避難する予定の公共施設にも知らせておいてください。特に、高齢者がいるご家庭は、自分の家族だけで避難することができるのか避難行動の準備を伝えてください。

　今回の台風上陸は、夜中でなく日中ですので、就寝中に過ぎ去ってくれるのと違い、相当数の１１９番通報も予測されます。ハザードマップなどで、自分が住む地域の被害予想なども把握し、想定内のものとして認識させておいてください。日中に上陸しますので、被害を目の当たりにするからです。事前に概ねの被害も認識させ、それぞれの家庭で備えさせてください。以前、床上浸水危険で消防隊が現着した時に、排水溝に木の葉が詰まっていただけで、事前に取り除いておけば問題がなかった事案もありました。

　真に危険が迫った人命救助や危険排除に、消防隊が効率的に出場できるように、この平時のうちに可能な限りの準備を町会等に広報し、消防と住民が一丸となり被害の最小限に全力をあげてください。

　よろしくお願いします。

※　署所：消防署は、本署と出張所にわかれており、それぞれの末尾の「署」と「所」を合わせて署所という。

最大の効果を意識

仕事の進め方について、とても良い事例がありましたので紹介します。

当署では、長年、中学3年生に対して、卒業前に救命講習を実施しています。卒業証書とともに救命技能認定証を持って、言わば学校を巣立っていくという広報効果もあります。ところが、この取り組みを「中学校の救護力」という視点で見ると、できれば、一年生の時に、普通救命講習を受講してくれれば、3年後には全校生徒が普通救命講習を修了しているようになり、中学校の自主救護体制が高まります。

現在、教育委員会と対応方法の検討をすすめています。過度期は、予算が2倍必要です。つまり、3年生受講の分と1年生の受講分です。

また、3年生と1年生の両学年が救命講習を受講することとなるので、倍の執行体制で臨む必要があります。これが2年続いて、3年後に晴れて全校生徒が救命技能認定証を所持し、学校内では、いつでもどこでも、すぐに救護の手が差し伸べられる体制の確立となります。

　そして、以降は、毎年1年生が救命講習を受講していくという安定期になります。先般、他署から転入してきた救急係の隊長が、「なんで3年生で受講させ卒業させてしまうのか？1年生で受講させない理由は何なのか？」との疑問からこの取り組みへの交渉が始まりました。私も気付きませんでした。慣れだと思います。反省です。救急隊長のお陰で最大の効果が発揮できる体制作りが実現しつつあります。

　こんな視点で、皆さんで様々な業務を考えてみてください。

　今までしてきたことが、本当に効果絶大なものになっているのか、都民のためになっているのか、問題意識を持って臨んでいきましょう。

朝会の言葉 38

縁が円に

昨日は、夏休みをいただいて、あるお寺の住職さんと話す機会があり学んだことを披露します。

物事には偶然というものはなく、全て必然で意味があるそうです。自分に起こる事象全てに縁があり、これを全部受け入れ克服したり成就したりしていくことが、すなわち縁が円につながるそうです。

例えば、修行には、それぞれ、1円、10円、場合によっては、１００万円といった値段が目に見えない形で付いているそうです。この値札を我々は見ることができず、天のみが知っているそうです。人間には煩悩があり損得勘定がどうしても働いてしまうので、これからの行動について、その値札を見ることができると、値札の高い行動しかしなくなるからです。例えば、誰も好んでトイレ掃除はしないですよね。

ところが、トイレ掃除のような人がやりたくない行動の価値が１００万円であれば、人は進んで対応すると思います。天がいろいろな機会を与えてくれているのに、「まあこの程度でいいや」と手を抜いてしまうと、例えば１００万円の価値を丸々享受できず、結果的に、心が十分に磨かれないということに帰結するそうです。自分に来る事象は、その人を学ばせて磨いていく課題なので、真心を持って対応するとそれが幸せにつながっていくそうです。つまり、縁が円になり、自分にとって幸せの貯金につながるということになるそうです。

是非、みなさん、幸せ貯金を誠実に実施していきましょう。これは辛いなあ、嫌だなあ、手を抜きたいなあと思う課題と対峙したら、１００万円の値札が付いていると思って取り組んでみてはいかがでしょうか？それらの価値は、幸せへの価値なのだそうです。といっている住職さんも、嫌だなあ、手を抜きたいなあと思うことは多々あるそうです（笑）。

睡眠のとり方

梅雨の時期になりました。今は、不注意や睡眠不足などにより事故の多い時期となります。

たぶん、人事異動期の次に事故が多い時期だと思います。この梅雨時は、気圧の変動や一日の最高気温と最低気温の差も大きいことがその原因としてあげられます。血管に対して、過度のストレスがかかります。

また、活動を主に司る交感神経と安静な状態を司る副交感神経のスイッチが上手に切り替わらなくなります。例えば、入眠時に交感神経が優位だと、なかなか寝付かれないことになります。すると十分な睡眠がとれない原因となります。日中、副交感神経が優位になってしまえば、集中力が途切れやすくなったり、やる気がでなかったりします。上手に、良好な睡眠を取り、活動や業務に集中し、事故防止に留意してください。そのために、次の5項目を意識してみてください。

その1は、1~3分程度、瞑想（目をつぶって何も考えない）し、リラックスする。

その2は、昼食後、20~30分以内の仮眠を取ってみる。仮眠室で横になっても、机で伏しても良いです。

その3は、集中力を要する作業は、柑橘系の香りを嗅ぎながら、その行動行程の前半、一日の中では午前中に実施する。つまり、心身に疲れが生じないうちに片付けてしまうってことです。柑橘のアロマなどは嗅覚から脳を刺激してくれます。

その4は、寝る前にラベンダーやジャスミンなど鎮静効果のある香りを嗅いだり、あるいは寝室にほのかに満たしたりしておく。ラベンダーやジャスミン系の入浴剤を入れて、ぬるめのお風呂にゆっくりつかるのも良いと思います。

その5は、寝る時には、エアコンを使用し適正温度を起床時まで維持し、睡眠途中で、暑さなどで目が覚めないようにする。以上、5つです。

さあ、本日も、暑さに負けず、頑張っていきましょう！

朝会の言葉 40

良い上司とは

いろいろと不祥事寸前のマイナス事案が発生していますが、数学でマイナス×マイナス＝プラスです。マイナスの事案に対して、創意工夫をして、かけあわせプラスに転じていきましょう。

今回の事案は、10のやるべき事を6に省略したために惹起させています。やるべきことを省略するときや、やってはいけないことを一時的にやるときには必ず司令以上の管理監督者の許可を求めてください。

これが組織対応につながり事故の未然防止になります。義務の一部省略や禁止事項の一時的な解除などの報告を受けた管理監督者は、規程や基準に照らし合わせ、その必要性を部下に説明してください。

「省略して良いよ」とか「今回に限って実施を認める」など、安易に楽な方向や部下の希望に沿う判断を絶対にしないでください。一時的に部下は喜ぶかもしれませんが、決してそれは良い上司ではありません。

例えば、資器材点検であれば、規程に則って隈なく実施し、火災出場等で未実施部分があれば帰署してからでもすぐに実施すべきです。

飲み会は、一次会までと決められており、30分だけなら二次会に行っても良いだろう、コミュニケーション促進のほうが大切だという禁止事項の一部解除はありえません。

部下に失敗を絶対に起こさせないことを常々配慮しているのが良い上司なのです。

よろしくお願いします。

朝会の言葉 41

チームワークによるチラシ作り

６月上旬から始まる危険物安全週間の起案を見てその内容が極めて良く大変感動しました。

危険物係だけでなく予防課全体が一丸となっている職務姿勢をひしひしと感じました。アイディアも随所にこらされており感心しました。

例えば、普及啓発用のチラシが実に良くできています。危険物係だけでなく査察係、防火管理係、予防係など皆で意見を出し合ったそうです。チラシの表面は身近な危険物として、手指消毒用のアルコール、スプレー、カセットボンベ、ネイル除去剤などがイラスト化され、都民がイメージしやすいように描かれていました。

裏面にはチェックできる簡単なフローチャートが入っており、都民自らが職場や家庭で危険物を点検できるように参画意識を高める工夫がなされていました。「危険物」というと、一般には、爆発物やガソリンなどを想像しがちですが、「生活の中で危険物が実は身近に存在しているのですよ」とお知らせし、都民目線に立った今回のチラシは、普及啓発効果が大いに期待できると思いました。

　これを危険物安全週間の担当者だけでなく予防課全体が力を合わせたことが実に素晴らしいです。セクショナリズムにならず係を超えた対応の模範と思います。

　今度は、このチラシを消防部隊や出張所員などから配布して、署が一丸となって取り組むようにしていきましょう！

形骸化させない

人の記憶や意識から遠のき形骸化されてしまうものが少なくありません。

例えば、「関東大震災」は、絶滅危惧種という言葉を活用すれば、「絶滅危惧言葉」になりつつあります。語り継がれていないせいかこの言葉を知らない小中学生が多いそうです。

わが署の身近な例としては「ノー超勤デー」。毎週水曜日は、超勤せずに皆さんどんな生活様式を確立していますか？この他、「元気回復行事」。本当に、皆、元気回復していますか？ちょっとだけ意識をして「ノー超勤デー」の日に、映画を見たり、家族と待合わせたりして有効活用した職員は、是非、※ハッピーログで披露してください。

明日からまた頑張ろうとパワーを得た「元気回復行事」があったら、是非、教えてください。「ノー超勤デー」をはじめ様々な普及啓発の言葉は、それなりに意味があり風化させず皆で意識していくことが重要だと思います。

　また、単に掛け声で終わってしまわず、具体的な目標などを意識し、全員で参加するようにしていけると良いと思います。「脚力の強化月間」が掲げられれば、例えば、「階段は使用しない」とか「一駅前で下車しなるべく歩く」とか具体的な目標を定めて対応していくことが重要です。「安全第一」というのが掲げられているのを良く目にします。毎朝、全員で呼称したり、部署ごとに達成目標を掲げたりして、これが成就できれば「安全第一」ということなのだと皆で取り組むことが重要だと思います。

　皆さんで意識しながら、あらゆることを形骸化させず、より良い職場風土を醸成していきましょう！ポジティブスイッチをＯＮにして進んでいきましょう！

※　パソコン画面に「ハッピーログ」というフォルダがあり、嬉しい事、皆に披露したい事などを自由に綴り、署所員の意思疎通を図っている
署長等管理職も目を通しコメントを付したりしている

朝会の言葉 43

処分

本日、当署職員2名に対して人事処分の指示書を交付しました。

職員に対して処分を交付するということは、署長として胸をえぐられるような思いがして非常に辛いものがあります。各職員については、是非この機会に一人ひとりが自分のこととして受け止め、再発防止に万全を期してください。

今回の事案は、不注意な運転操作と誘導不適による車両損傷でした。事故直後は、代車編成をしたり、現場調査をしたり、本来業務以外のことが発生

しました。これは、都民のための消防業務ではありません。都民は、職員の事故処理などのために、税金を払っているわけではありません。

失敗をしでかしてしまった本人及び監督責任の隊長は、いずれも悪気があって行ったことではなく、申し訳ない気持ちでいっぱいになっていました。

これは、職員の誰にでも起こり得るケアレスミスです。そういう意味では、処分を受けた2名が我々の身代わりとなってピットフォールに落ち、処分を受けてしまったのです。

我々に、どんなケアレスミスが発生したのか、警鐘を鳴らし知らせてくれたことにつながったとも言えます。

事故原因や再発防止の通知文も彼らに起案させました。

今回の2人の処分を全職員がしっかりと受け止め再発防止につなげていくことが彼らへのエールにもなり、それこそがチームワークだと思います。

全員で事故防止を誓いあいましょう！

朝会の言葉 44

大隊長、お疲れ様、お見事！

本日の2部大隊長の当務報告要領が極めて適切で素晴らしいので、この朝会の場を借りて、その職務姿勢を褒め称えます。本人は照れ臭いかもしれませんが、管理監督者は、是非、手本としてほしいと思います。

本日の当務報告などの説明を聞いている中、当務責任者として24時間しっかりと管内を死守し、全てを適切に掌握下に置いていたことがつくづく実感できました。頼もしいと思いました。

例えば、救急活動報告で、大隊長は実際に現場には行っていませんが、救急隊長から報告を聞き、つぶさに内容を把握してくれていました。その中で、医学的な専門用語がいくつか出てきましたが、それも調べ上げて、救急を専門としていない署長室のメンバー全員にもわかるように報告してくれました。

　また、無線内容から指揮[※1]隊が出場すべきと判断した要素、その後の対応内容等が逐一、管理職と同様な判断基準であり、実に見事でした。17[※2]時15分以降は、管理職は退庁するので大隊長がトップとなり翌朝まで様々なことを判断し対応するという重責を担うことになりますが、まさにその職務を全うしたと思いました。

　1当務、本当にお疲れ様でした。そして、その職務姿勢は見事でした。

　どうも、ありがとうございました。

※1　指揮隊とは、大隊長が災害現場で指揮をする部隊で、大隊長以下指揮担当、情報担当、伝令、通信担当など４～５名で編成されている。

※2　消防署は、署長以下管理職などは、災害出場などを除き、８時30分から17時15分までの勤務となっている。

行動変容について

人や部隊の行動を望ましい方向に習慣化したり変えたりしていくには、5段階の時期を経て実施していくことが重要です。

行動変容という理論を消防に置き換えてみた場合、その人やグループ（各部隊や各係）が今どの段階にいるか、まずは考察してみて、作戦を練り、対応していく必要があります。

その5段階の時期とは、

①無関心期です。これは、物事の必要性、面白み、効果を丁寧に納得させる時期となります。消防業務を理解させる最初の最初だと思います。

次に、②関心期です。これは、やってみようと思いはじめた時期で、消防なら具体的方策や必要資器材を提示していく時期になると思います。これを実施する場合に、これとあれが必要だと決心する時期です。

次に、いよいよ、③準備期となります。実際に明日あるいは来週から取り組もうとする時期で、消防なら資器材、人員、実施タイミングなどを明確にし、まさに用意ドン直前の時期、出場前となります。

そして、④実行期。これは、一緒に取り組んだり実行したりしている最中で、消防に当てはめると管理監督者なら俯瞰し、改善点、推奨点を評価する時期です。

そして、最後が、⑤維持期です。物事の必要性が理解でき継続していく安定した時期となります。

5つめの維持期に移行できれば、確立できた時期と理解できます。様々な活動や行動を当てはめて、考察するとかなり実効的な戦略が樹立できると思います。火災予防週間の行事、特別救助隊の全国大会に向けての取り組み、災害に備えての各隊の訓練や活動など、今、自分達がいる段階を考えて、計画的に対応し、揺るぎない行動を確立し、維持・向上していってください。

※　参考文献：「行動科学を活かした身体活動・運動支援」
ベスH. マーカス, リーアンH. フォーサイス著、下光輝一、中村好男、岡浩一朗監訳、大修館書店　2006

朝会の言葉 46

行動変容の推進ポイント

先日、行動変容の話をしましたが、私なりに考察したことを紹介します。

まず、推進していく係長や隊長など中心的な人物が、皆が今どのランクにいるのかを見極めることが重要です。だいたいは、「無関心期」であり、ここから始める必要があります。

なぜ、そうなのか、何に基づいて実施するのかを教え、部下の興味をそそらせることが必要です。

その事柄を過去に経験したことがある職員に目的などを尋ねてみると「昨年そうしていたから」とか「中隊長に言われたから」など主体性を欠いている場合もあります。部下指導において、「無関心期」「関心期」に手を抜くと認識の齟齬が拡大し、「そんなはずではなかった」という予想外の事態が発生しやすく、責任の所在、間違った要因が認識されず、繰り返してしまうおそれもあります。

ですから、最初に、根拠を教え込む、これが重要なのです。そして、「準備期」では、まさに進行管理を確実に行い、部下が十分に準備したり訓練したりできるように任務分担を明確にしていきます。

「実行期」「維持期」では、自転車で言えば、補助車がとれて二輪車で、一人で乗る時期であり、手出しはなるべく控えて、俯瞰しながら、評価検証し、改善点や推奨点を把握していきます。皆さんで頑張ってより良い方向に行動を変容して業務を通じて喜びが実感できるようにしてください。

現段階が、どんな時期なのか、それに見合う行動と声掛け、共通認識をチームで作っていくことにより、成長や成功に近づくのです。

皆で頑張っていきましょう。

※　参考文献：「行動科学を活かした身体活動・運動支援」
ベスH. マーカス, リーアンH. フォーサイス著、下光輝一、中村好男、岡浩一朗監訳、大修館書店　2006

朝会の言葉 47

都民の満足度

民間企業では、顧客満足度というのがあります。我々は「都民」の満足度と言い換えることができると思います。

例えば、顧客が高級ブランドを購入する場合、その物の価値や価格のほかに、従業員の接遇、客からの要望への迅速な応対や商品に対する解りやすい説明など、顧客側に立った対応ができていることが重要であり、満足度はこれに左右されます。

もう一つは、イメージがあげられます。ブラン

ド商品は、その高級感、希少価値などのイメージを伝統的に維持しています。都民の皆さんが持つ消防のイメージとは、礼節があり、迅速的確な活動能力を持ち、すぐに救助してくれる頼もしい存在、凛々しさから与える安堵感、安心感などであると思います。

　土曜日の「消防ふれあいフェスタ」では、ロープを駆使した救助要領や消防部隊の一斉放水を見て、消防への理解や信頼が深まったと思います。

　また、演習が見やすいように小さな子供達にも配慮した行き届いた女性職員の接遇もありました。消防ブランドをいろんな点で誇示したと思います。

　大変お疲れ様でした。素晴らしい成果は、職員一人ひとりの真摯で誠実な対応の掛け算だと思います。

　一人が失敗してゼロとなると、どんなに他の職員が頑張っても成果はゼロです。

　今後も、チームワークで全員が一丸となり都民の満足を追求し任務を果たしていきましょう。

朝会の言葉 48

隊長としての心構え

隊長としての心構えを8つお伝えします。

根拠はありませんが、私は、これを意識し続けています。共感が持てる部分があれば幸いです。合わないと思ったら私を反面教師にしてもっともっと良い隊長を目指してください。

その1、部下が憧れる身だしなみと制服の着こなしを心掛ける。

その2、部下が間違った時、隊長側に問題があると心得る。

その3、部下が至らない決裁や面倒事をしでかした時、「だから指導する隊長がいるのだ」と自分の出番を意識する。

その4、真心がこもっていない成果物が上がってきたら「私が見るべきレベルには、まだなってない」と威厳を持って叱り、その後に、きちんとその理由を具体例をあげながら明確に示す。

その5、嫌な事態が起こった時、「ついてないなあ」と運のせいにせず、これを克服するとどんな学びが得られるのか考えながら、真正面から対峙し行動する。

その6、辛いのは、その術《すべ》を知らないか、経験していないからである。やったことがあれば辛さも予想でき、怖さも半減する。

その7、火中の栗も実は食べたら美味しいかもしれない。正しい対処を知らないことは損。簡単に目を背けないこと。

その8、試練とは、お(試)しの(練)習と書く。いろいろ手を尽くせば必ず超えられると心得て、お試しと思って、頑張りぬく。以上です。

あらゆる業務は、隊長の手腕にかかっていると言っても、過言ではありません。

一緒に、頑張っていきましょう。

朝会の言葉 49

署※長訓示

人事異動により署も言わば、また生まれ変わりました。

人事異動ごとに、新たに成長し、生まれ変わっていると思っています。転入した職員の皆さん、東京署（仮名）へようこそ来てくれました。是非、署員が一丸となって都民の安全安心を安定的に守っていきましょう。

5点、お伝えします。私の哲学です。今後の職務執行上の参考にしてください。

その1は、成果や喜びごとを自分だけのものにしないでください。とにかく皆と分かち合うことを意識してください。もちろん、嫌なこともあれば、助けを求め、自分だけで苦しまないでください。

その2は、物事の流れを良くするには、悪いことも良いことも貯めないでください。どんどん処理して、次に向かう職務姿勢を堅持してください。常に、フリーになっておくことが重要です。

　その3は、人の見ていない所での努力や善行が土壇場などでのパワーになると心得てください。常に、地道に、まじめに、こつこつと取り組むことが、実は一番大切です。

　その4は、今、運がついているか、いないかは、物事や事象のタイミングを見ればわかります。信号を渡る時、いつも青、バスや電車をほぼ待たずに乗れる、会いたいと思っている人に出会う、欲しいものがすぐ手に入る、感謝することが多い、感動することが多々ある、こういうタイミングを常に維持できるように、誠実にパワーを積み上げていきましょう。

　その5は、失敗と成功は2つで1セットと思ってください。失敗を学びに替えると成功につながります。何かが足りなかったり、やり飛ばしたり、誰かと上手く合わなかったりなど、気付きがきっとあるはずです。

　改善点の発見に努めてください。改善点に気付けば、気付くほど、大きな成長が待っているはずです。

※　署長訓示とは、人事異動時期などに、署長として署員に対して指示などを実施することである。

朝会の言葉 50

仕事納めにあたって

今年1年間、署員の方々には大変お世話になり、誠にありがとうございました。

1月の年始消防特別警戒にはじまり、火災予防週間など様々な行事がたくさんあった一年でした。真摯な対応に心から感謝いたします。

実は、先日、大僧正と話した折、年末の大掃除の話題になり、例えば、庁舎や消防車両の大掃除で1年間の厄が落ちるし、様々なことへの感謝にも繋がるので、大掃除は必ずしたほうが良いとのことでした。私も、同感です。綺麗にすることで気が整えられて、きっと福が訪れやすくなります。福が舞い込みやすい所は、厄病神にとっては、居心地が悪くすぐに退散すると思います。すると、禍を寄せ付けにくくなると思います。

そこで、来年を良い年にするには、今からでも遅くはないですから、いろんな善行を積み重ねることが重要です。

なぜなら、事象には「良いこと」、「悪いこと」、「これから実行していくこと」の3種類があり、善行の積み重ねが悪行よりも多ければ、「これから実行していくこと」は、良い方向に引き寄せられるのです。逆に、悪行が多ければ、着手したことが悪い方向に行きやすくなります。消化器の腸を思い浮かべてみてください。善玉菌と悪玉菌そして日和見菌《ひよりみきん》の3種類が存在しています。善玉菌が悪玉菌より多ければ、日和見菌は、善玉菌になってしまい、腸全体は、善玉菌が多い割合になります。

今年もあと4日ですが、間違ったことがそのままになっているなら修正し、良い心身、庁舎、家族など全てが良い状態として新年を迎えることで良いことがたくさん訪れてくる年になります。そのために、大掃除は、振り返りと感謝の機会になり、良い状態に自分自身を整えるきっかけになります。車両、庁舎、自分の持ち物などに、今年1年の感謝を伝え、良い状態にして、新年を迎えましょう。

皆さん、今年もお世話になりました。
そして、良いお年をお迎えください。

あとがき

だいぶ前だと思いますが、「24時間、働けますか？」と清々しい行進曲にのって視聴者に問いかける栄養ドリンクのコマーシャルがありました。私は、「はい、24時間365日大丈夫です！」とテレビ画面にいつも応えていました。救急業務や消防業務が大好きで、いつでも、どこでも、「消防してます」と胸を張れるくらいに、仕事に携わっていることに、生き甲斐を見出していたからです。何か不穏な空気を察知すれば、すぐに無線機のスイッチをＯＮにして災害状況を傍受し、常に足は消防署の方に向いていました。私は、そのなりわいを気に入っていて、言わば、趣味と実益を兼ねて、私のライフワークは「消防」なんだと勝手に定義付けて、自分の人生を突き進んできました。

東京消防庁渋谷消防署長を最後にいよいよ定年退職を迎えるにあたって、本当のところ「うん、やり切った。思い残す事なし！」という一新更始の気分にならず、今後も何らかの形で防災や救急に引き続き関わりたいなあと、お名残惜しい気持ちでいっぱいでした。退職後は、土日や祝日などは、ゆっくりまったりと速度は緩めつつも、引き続き「消防をしよう」と思っていました。この本を執筆しようと思った所以です。

退職後、約2年半、遂に、念願の出版がこの度、叶いました。決して、退職後の第二の人生を傾注させたわけではなく、土日、祝日、頭がスッキリしている朝などに、作家の気分になりきって、楽しみながら、現職を振り返り、本書を綴っていました。消防人生で培った糧を後世に伝承したいなどと、偉そうに言うつもりは毛頭ありませんが、きっと同様に悩んだり、苦しんだりしている管理職や隊長がいると思います。そんな方々に対して、消防人生の先輩としてお役に立てれば幸甚です。

自分としては、脱稿したと思ってから、ここに来るまでには、たくさんの方々のご指導、ご鞭撻が多々あり、心から感謝申し上げる次第です。

特に、並々ならぬご尽力やお取り計らいを賜りました㈱近代消防社代表取締役、三井栄志氏、同氏にお引き合わせくださいました元東京消防庁志村消防署長、中澤昭氏、執筆に際して温かいアドバイスをくださいました株式会社ＢＳフジ常務取締役、荒井昭博氏、膨大なイラストを短期間で描いてくださいました葛窪真紀子氏、本書冒頭の帯で多大なエールをいただきました消防応援団、山田邦子氏、同氏をご紹介くださいましたソプラノ歌手、森川泉氏に心から感謝するとともに御礼申し上げます。また、本執筆の核となった朝会の私の指示をまとめていただいた署長赴任当時の各消防署の係長さんや主任さん（あえて名前は披露しませんが、多数おられます）に感謝申し上げます。

最後に、退職後も引き続き、仕事（私は趣味と思っていますが）と称して、家族団らんの日がほとんどなく、不義理を重ね続けているにもかかわらず、毎朝、笑顔で送り出してくれる妻や応援してくれている娘達にこの場を借りて心から感謝いたします（対面では言えないのでごめんなさい……赤面）。これからも、「消防します」ので、よろしくご理解ください。いつも、気遣ってくれてどうもありがとう！

令和5年9月9日（救急の日）に記す

救急救命士　永井秀明

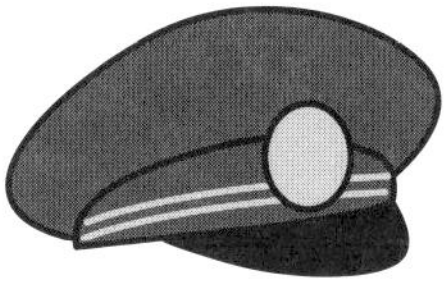

【著者プロフィール】

永井 秀明

京都外国語大学イスパニア語学科卒業、
早稲田大学大学院修士課程修了、
救急救命士

一九八三年東京消防庁採用、海外研修中に米国ロマプリータ地震に遭遇、被害状況調査活動に従事、ＪＩＣＡ救急医療プロジェクト（於マレーシア・ボルネオ島）救急技術指導、救急救命東京研修所助教授、東京都福祉保健局医療政策部副参事、本庁救急指導課長、調布、世田谷、芝、渋谷消防署長を歴任、二〇二一年消防正監に昇任し東京消防庁を定年退職。株式会社世田谷サービス公社取締役第一事業部長として現在に至る。

消防署長の朝会《あさかい》の言葉50選

令和五年十月二十三日　第一刷発行

著　者　永井　秀明　©2023 Nagai Hideaki

発行者　三井　栄志

発行所　株式会社　近代消防社

〒一〇五—〇〇二一　東京都港区東新橋一丁目一番十九号
（ヤクルト本社ビル内）

ＴＥＬ　〇三—五九六二—八八三一（代）

ＦＡＸ　〇三—五九六二—八八三五

ＵＲＬ =https://www.ff-inc.co.jp

振替＝〇〇一八〇—五—一一八五

ISBN978-4-421-00982-8 C1001

検印廃止 Printed in Japan